Bruno Johannsson
Flüchtlingspolitisches Manifest
Die Thesen, Fragen und Vorschläge aus
„Flucht – eine globale Herausforderung"
Edition Aquin 1.1

Dieses Manifest

ist eine Kurzfassung von „Flucht – eine globale Herausforderung.
Wege im Dilemma". Es skizziert die Handlungsalternativen aller
Akteure im globalen flüchtlingspolitischen Szenario: Der Bedrohten, der Flüchtenden, der Bürger und Politiker in den Aufnahmeländern, der Gesellschaften und Staaten sowie der Staatengemeinschaft und ihrer Organisationen. Alle befinden sich in einem wie
auch immer gearteten Dilemma, in dem ihr ethisches Profil gefordert wird. Dabei geht es um das Wohl von hunderten Millionen von
Menschen, insbesondere natürlich um die 65 Millionen auf der
Flucht, aber auch um die Bürger in den Aufnahmeländern, die von
der Entwicklung mitunter stark gefordert, manchmal sogar überlas-
tet werden. Die besseren Wege aus den Dilemmas lassen sich nicht
mit Polemik, Intoleranz und Gewalt finden, sondern nur im sachli-
chen, respektvollen Diskurs. Dazu soll dieses Manifest einen Beitrag leisten, indem es dem Leser einen schnellen Zugang zum Konzept des Autors verschafft.

Der Autor

hat Ökonomie, Philosophie und Theologie an der Universität des
Saarlandes studiert, war als wissenschaftlicher Mitarbeiter in der
Forschung und als Dozent in der beruflichen Bildung tätig. Nach
Renteneintritt verlagerte sich sein Schwerpunkt mehr auf philoso-
phische und theologische Themen. Er ist Mit-Initiator des Café
Philo in Chemnitz. 2015 erhielt er den Preis der Jury beim Philoso-
phy Slam, Chemnitz. 2017 publizierte er zusammen mit Thea Jo-
hannsson „Spielregeln der Gesellschaft" (siehe Anhang). In dem
Werk „Flucht – eine globale Herausforderung" kombiniert er seinen
ökonomischen, philosophischen und theologischen Sachverstand,
der dem Leser in diesem Manifest in der komprimierten Form, der
Thesen, Fragen und Vorschläge aus dem Buch vermittelt wird.

Bruno Johannsson

Flüchtlingspolitisches Manifest

Die Thesen, Fragen und Vorschläge aus
„Flucht – eine globale Herausforderung"

Im Vorspann:
Thea und Bruno Johannsson:
Agenda für eine global-solidarische
Flüchtlingspolitik
16. April 2018

Edition Aquin

Bibliografische Information der Deutschen Nationalbibliothek: Die Deutsche Nationalbibliothek verzeichnet diese Publikation in der Deutschen Nationalbibliografie; detaillierte bibliografische Daten sind im Internet über http://dnb.dnb.de abrufbar.

Coverfoto: Rohingya auf der Flucht nach Bangladesh
© 2017 UNHCR/Roger Arnold

Copyright © 2018 Johannsson, Bruno

TWENTYSIX, der Self Publishing Verlag
Eine Kooperation zwischen der Verlagsgruppe Ramdom House
und BoD – Books on Demand

Herstellung und Verlag: Books on Demand, Norderstedt

ISBN: 978-3-7407-4783-1

Meiner Mutter und ihren hessischen Fluchthelfern
gewidmet,
durch deren Kooperation
ich als sechsjähriger Junge
gut getarnt
vorbei an russischen Wachsoldaten
von Ost- nach Westdeutschland geschleust wurde.

„Wir sehen uns mit der größten
Flüchtlings- und Vertreibungskrise
unserer Zeit konfrontiert. Vor allem
ist dies nicht eben nur eine Krise von
Zahlen; es ist auch eine Krise von
Solidarität."
Ban Ki Moon, Generalsekretär
der Vereinten Nationen 2007 – 2016

Vorspann

Im Zuge von bisher fünf Veranstaltungen, die ich zusammen mit Thea Johannsson zu dem Themenkomplex globale Flüchtlingspolitik durchgeführt habe, hat sich herausgestellt, dass wir ein erstaunliches Maß an Einigkeit in diesen Fragen erzielt haben. Auch hatten wir den Eindruck, dass wir den Versuch machen sollten, die wichtigsten Punkte unseres Konzeptes in einer Agenda zusammenzufassen und diese in die politische Diskussion einzubringen, bei genügend Resonanz in Form einer Petition.

Eine parteiunabhängige Initiative von
Thea und Bruno Johannsson:
**Agenda für eine global-solidarische
Flüchtlingspolitik (gsFP-Agenda))**

In Anbetracht von mehr als 65 Millionen Menschen auf der Flucht, den anhaltenden Fluchtursachen Verfolgung, Konflikt, Gewalt und Menschenrechtsverletzungen und der an Bedeutung gewinnenden Fluchtursache Klimawandel ergeben sich dringende Aufgaben zur Beseitigung der gegenwärtigen und zur Abwendung einer zukünftigen humanitären Katastrophe. Die unterzeichnenden Bürger der Weltgemeinschaft fordern deshalb die verantwortlichen Politiker auf regionaler, nationaler und globaler Ebene dazu auf, ihren Einfluss dahingehend geltend zu machen, dass Stellung und Politik der UN-Flüchtlingsorganisation UNHCR so geändert werden, dass die aktuelle Flüchtlingskrise baldigst bewältigt und zukünftige Krisen verhindert werden können. Im Einzelnen sollten folgende Maßnahmen ergriffen bzw. folgende Grundsätze befolgt werden:

1. Schutzrechte weltweit nach einheitlichen Grundsätzen erteilen, Rechte und Pflichten von Schutzrechtsinhabern einheitlich regeln!
2. Naturkatastrophen und Klimawandel als Fluchtursache anerkennen!
3. Ein unabhängiges Forschungsinstitut „Globale Fluchtbewegungen (GF)" gründen! Dieses Institut erstellt ein globales Kataster der sicheren und unsicheren Regionen bzw. Staaten, betreibt ein Frühwarnsystem für Fluchtbewegungen und dient als Gutachter in den Schutzerteilungsverfahren.
4. Einheitliche Behandlung von Binnenvertriebenen und grenzüberschreitend Flüchtenden anstreben!
5. Für alle Menschen auf der Flucht: Grundversorgung und Schutzerteilungsverfahren in Sicherheitszonen so nah wie möglich an der Problemregion!
6. Im Falle der Bedrohung einer Sicherheitszone durch unsichere Nachbarregionen: Militärischer Schutz durch die Staatengemeinschaft!
7. Bei anhaltender Fluchtursache: Ausbau der Sicherheitszonen zu Asylkommunen, die eine menschenwürdige Lebensqualität inkl. Arbeit und Ausbildung gewähren!
8. Alle Schutzsuchenden, denen das Gericht keinen Schutzstatus zubilligt, in ihre Herkunftsregion unter UNHCR-Regie zurückführen!
9. Wenn die Kapazität ortsnaher Asylkommunen nicht ausreicht, Schutzrechtsinhaber nach einem an der Leistungsfähigkeit der Nationen orientierten Schlüssel auf alle Industriestaaten und Schwellenländer verteilen! Diese tragen die Kosten von Transport, Integration und Rückführung

10. Als Grundsatz gilt die temporäre Integration, sei es
    in eine sichere Asylkommune oder ein ferneres Auf-
    nahmeland.
11. Es wird ein maximaler Zeitraum global einheitlich
    festgelegt, innerhalb dessen Schutzrechtsinhaber in
    die Herkunftsregion zurückgeführt werden, sofern
    diese Sicherheit erreicht hat. Nach diesem Zeitraum
    erhalten sie die Option Bürgerrecht in einem Auf-
    nahmeland, aber auch Anreize zur Rückkehr.
12. Das UNHCR-Budget nicht mehr durch Spenden
    sondern durch Pflichtbeiträge aller UNO-Mitglied-
    staaten finanzieren. Rechnungsprüfung und Zertifi-
    zierung von UNHCR erfolgen jährlich durch obiges
    unabhängiges Forschungsinstitut.

Zur Begründung der Agenda für eine global-solidarische Flüchtlingspolitik (gsFP-Agenda)

Eine derart an Gegenwart und Zukunft angepasste global-solidarische Flüchtlingspolitik (gsFP) würde aus der Sicht potentieller Flüchtlinge zu einer Minimierung von falschen Fluchtentscheidungen, Fluchtwegen, Fluchtrisiken, Fluchtkosten, Schlepperaktivitäten, Wartezeiten auf Asylverfahren, Zeitverschwendung in Lagern und Aufnahmeländern, Identitäts- und Anpassungsproblemen und Ausweichflucht führen. Aus der Sicht der Aufnahmeländer würde die gsFP zu einer besseren Kalkulierbarkeit und Vorhersehbarkeit der Kosten, zu drastisch weniger Asylverfahren, zu größerer innerer Sicherheit, zu einer geringeren Bedrohung nationaler Identität, zu weniger Sozialbetrug und zu sehr viel weniger Rückführungsproblemen führen. Von diesen Vorteilen würden die Bürger all dieser Staaten profitieren und daraus eine größere Motivation entwickeln, dass der von jedem Staat geforderte faire Anteil auch wirkungsvoll erbracht wird. Die teilweise dramatische Ausblutung der Herkunftsländer und die Erschwerung ihrer Normalisierung würde vermindert und durch die beste Art von Entwicklungshilfe ersetzt, nämlich durch die Stärkung und Bildung der Menschen auf der Flucht, die dieses Potential dann in ihr Heimatland einbringen. Wie wichtig dieser in der bisherigen Diskussion eher vernachlässigte Gesichtspunkt ist, erkennt man z. B. daran, dass sich gegenwärtig mehr als die Hälfte aller syrischen Staatsbürger auf der Flucht befindet. Last but not least würde sich Flucht langfristig günstig auf die Völkerverständigung auswirken, weil die Rückkehrer Erfahrungen mit fremden Kulturen gemacht hätten, ohne ihre eigene Identität aufzugeben. Durch den Abbau von Verschwendung und die Erhöhung des Nutzens vieler betroffener Menschen, Regionen und Staaten könnte die Wohlfahrt der Nationen erheblich gesteigert werden.

Wir haben uns intensiv mit der Genfer Flüchtlingskonvention (GFK) befasst und sind zu dem Schluss gekommen, dass das Konzept einer global-solidarischen Flüchtlingspolitik (gsFP) mit ihr kompatibel ist. Das letzte Urteil darüber würden wir gern Juristen überlassen. Sollten Unvereinbarkeiten diagnostiziert werden, müsste über eine Reform der GFK und/oder eine Modifikation der gsFP nachgedacht werden.

Eine weitergehende Begründung auch in ethischer und ökonomischer Hinsicht finden Sie in dem vorliegenden Büchlein, das eine Kurzfassung des Hauptwerkes „Flucht – eine globale Herausforderung. Wege im Dilemma" von Bruno Johannsson darstellt. In „Spielregeln der Gesellschaft. Was uns zusammenhält und auseinandertreibt" von Thea und Bruno Johannsson findet sich zur gsFP ein Dialog und ein Interview. Letzteres hat Helmuth Müller, ein Redakteur von Radio Darmstadt, bereits im Jahre 2016 mit uns geführt und gesendet, also mitten in der nahöstlich-europäischen Flüchtlingskrise. Inzwischen hat sich die Situation in Europa etwas beruhigt, aber weltweit schwelt die Krise weiter und es fehlt noch immer an einem umfassenden Lösungsansatz. Das Konzept der global-solidarische Flüchtlingspolitik ist ein Versuch dazu.

Leseproben zu beiden oben genannten Büchern finden Sie u. a. auf www.amazon.de, wenn Sie Autor(en) und Titel eingeben. Weitere Leseproben können sie unter dem Link www.theaundbruno.jimdo.com/leseproben aufsuchen.

Thea und Bruno Johannsson
16. April 2017

Sollten Sie diese Agenda unterstützen wollen, finden Sie die verschiedenen Möglichkeiten dazu unter
www.theaundbruno.jimdo.com/agemda
im Anschluss an die dort nochmals publizierte Agenda.

Inhalt dieses Buches

Auf den angegebenen Seiten findet sich die zu jedem Kapitel gehörige These, teilweise in Verbindung mit Fragen und Vorschlägen, die sich im Hauptwerk aus der Erläuterung und Begründung der These ergeben haben.

Teil 2
Eine Herausforderung für Staat und Gesellschaft

2.1. Öffnung oder Abschottung?
Wie sich Gesellschaften zur Flüchtlingsfrage
positionieren.

Im Herbst des Jahres 2017 darf man hoffen, dass die nahöstlich-europäische Flüchtlingskrise nicht wieder aufflammt, die Europa seit September 2015 ein Jahr lang in Atem gehalten hatte. Sie schwelt dahin, unterliegt aber einer gewissen Kontrolle, sodass man nicht mehr von Krise sprechen möchte. Neues Feuer könnte entfacht werden, wenn das Abkommen der EU mit der Türkei annulliert wird. Während die Balkanroute einer gewissen Kontrolle unterliegt, kann man dies von der Mittelmeerroute nur bedingt behaupten. Der Blick dieser Arbeit geht jedoch über die jüngeren Ereignisse im Nahen Osten und in Europa hinaus. Weltweit ist die Situation mit ca. 65 Millionen Flüchtlingen insgesamt beunruhigender denn je. Eine Besserung zeichnet sich nicht ab. Die Staatengemeinschaft und ihre Organisation, die UNO, haben die Situation kaum im Griff, sodass man eigentlich von einer globalen Flüchtlingskrise sprechen könnte, was aber niemand tut. Man hat sich an diesen Zustand schon seit Jahren gewöhnt. Er gehört zur globalen Normalität. Die Beruhigung in Europa und die Dauerkrise weltweit begründen den Ansatz dieser Arbeit: Wie sollen wir mit der anhaltenden globalen Herausforderung umgehen? Welche ersten Schlüsse können wir dazu aus der jüngsten Erfahrung in Nahost und Europa ziehen? Letztere ist insbesondere dadurch bemerkenswert, dass relativ große Flüchtlingsströme in relativ kurzer Zeit eine große Entfernung mit einem bestimmten Ziel zurückgelegt haben, nämlich Europa, insbesondere Deutschland.

Ein besonderes Anliegen dieser Arbeit besteht darin, die Alternativen, insbesondere die Dilemmas, der von Flucht betroffenen Menschen aufzuzeigen und einer ethischen Analyse zu unterziehen. Dabei handelt es sich auf individueller Ebene um die von einer Gefahr bedrohten Menschen in den unsicheren Ländern, um die Flüchtlinge unterwegs und im Aufnahmeland und um die Einheimischen in den Durchgangs- und Aufnahmeländern. Zu den Einheimischen zähle ich auch die Politiker aller Staatsformen auf deren verschiedenen Ebenen.

Die Arbeit wurde im Wesentlichen im Frühjahr 2017 abgeschlossen. Vor Drucklegung ist am 30.6.2017 Global Trends 2017, der neueste statistische Bericht von UNHCR, der UN Refugee Agency, erschienen, dessen Zahlen ich an manchen Stellen noch einfügen konnte. Er zeigt die Entwicklung im Jahr 2016. Umfang und Struktur der weltweiten Flucht haben sich gegenüber dem Jahr zuvor nicht nennenswert geändert. Als neues Phänomen ist die Flucht der Rohingya aus Myanmar hinzugekommen, die immerhin mehr als eine halbe Million Menschen betrifft. Da die kleineren Abweichungen für meine Argumentation unerheblich sind, darf der Leser den Stand per 31.12.2016 als relativ aktuelle statistische Grundlage für meine Überlegungen betrachten. Auch die neueren Statistiken des deutschen Bundesamtes für Migration und Flüchtlinge (BAMF) bzw. neuere Prognose und Analysen von Forschungsinstituten ändern nichts an meiner Betrachtungsweise.

Vorbemerkungen zum
„Flüchtlingspolitischen Manifest"

Da mein Interesse darin besteht, zeitnah auf die aktuelle flüchtlingspolitische Diskussion einzuwirken, will ich mit diesem Manifest versuchen, potentielle Leser zu interessieren, deren Zeit und/oder Geld besonders knapp sind. Dabei denke ich im ersteren Fall an alle Berufstätigen und Eltern, im zweiten Fall besonders an Studenten, Jugendliche. und finanziell schwächer Gestellte. Die genannten Personengruppen spielen zumindest in Deutschland eine bedeutende Rolle in der flüchtlingspolitischen Diskussion.

Dieses Manifest enthält aus dem Hauptwerk zunächst das Inhaltsverzeichnis, um dem Leser einen Überblick über die Argumentation zu verschaffen. Gleichzeitig sieht er, auf welche Themen sich die folgenden Thesen, Fragen und Vorschläge beziehen. Da ca. 280 Seiten Erläuterungen, Begründungen und Anmerkungen im Manifest weggelassen wurden, muss in Kauf genommen werden, dass dem Leser nicht jede aufgestellte These unmittelbar einleuchtet. Es wird auch nicht immer plausibel sein, warum im Zusammenhang mit einer These die Klärung bestimmter Fragen, die im Hauptwerk nicht geleistet werden konnte, von Interesse wäre. Trotzdem kann der Leser aus den Fragen erahnen, wie komplex die Materie insgesamt ist. Nicht jeder einzelne der insbesondere im dritten Teil unterbreiteten Politikvorschläge wird unmittelbar einleuchten. Aber der Leser kann doch das von mir propagierte Konzept einer abgestuften global-solidarischen Flüchtlingspolitik in seinen Grundzügen erkennen und für sich selbst beurteilen. Natürlich ist er dazu eingeladen, sich zum Zweck der Vertiefung der Argumentation das Hauptwerk zu beschaffen. Wer dieses schon hat, findet im „Flüchtlingspolitischen Manifest" keine zusätzlichen Texte außer einigen Fußnoten, in denen ich von mir geprägte Begriffe kurz erläutere, um die hier nicht begründete These verständlicher zu machen. Im Hauptwerk erfolgt die Erläuterung teilweise auf mehreren Seiten.

Ganz besonderen Dank bin ich Thea Johannsson schuldig, die auch das Manifest als Lektorin begleitet hat. Ohne ihren Beitrag würde dieses Buch wahrscheinlich sehr viel mehr Mängel aufweisen als dies ohnehin möglicherweise der Fall ist. Die Verantwortung dafür trägt selbstverständlich der Autor. Dank gebührt UNHCR, The UN Refugee Agency, für die Überlassung des Coverfotos.

Mai 2018
Bruno Johannsson

Teil 1
Menschen im Dilemma

1.1. Flüchten oder bleiben?
Ethik in der Not

1.1.1. Was ist Flucht?

Die These
Flucht und Auswanderung gehen vielfach ineinander über. Bei der Flucht ist die unmittelbare Zwangslage zum Verlassen eines Ortes gravierender und damit das Interesse an Rückkehr evtl. größer.

1.1.2. Der Flüchtling – ein mehrfach Geschlagener

Die These
Der Flüchtling ist ein vielfach Geschlagener: Von seinem Ursprungsort musste er weichen, dann eine beschwerliche Flucht auf sich nehmen und am Zufluchtsort zahlreiche Schwierigkeiten bewältigen.

Fragen
1. Wie viele DDR-Flüchtlingen in der ersten, zweiten bzw. dritten Generation sind nach der Wiedervereinigung wieder in ihre Heimat zurückgekehrt?
2. Wie viele der Millionen „DDR-Flüchtlinge" waren von ihrer Ausgangslage und Zielsetzung her eher Auswanderer als Flüchtlinge?

1.1.3. Die Freiheitsspielräume eines potentiellen Flüchtlings

Die These
Die Handlungsalternativen potentieller Flüchtlinge sind je nach Art der Notlage, ihren Persönlichkeitsmerkmalen und ihren Ressourcen sehr unterschiedlich. Sie reichen vom Ausharren bis zum überstürzten Aufbruch.

1.1.4. Pro und contra Flucht

Die These
Flucht ist eine individuelle Entscheidung von großer Tragweite, deren Vor- und Nachteile außer unter persönlichen und familiären auch unter gesellschaftlichen Gesichtspunkten abzuwägen sind, wenn man nicht egoistisch bzw. gruppenegoistisch handeln möchte.

Fragen
1. Wie viele der Millionen weltweit Verfolgten und Unterdrückten verzichten bewusst auf Flucht, weil sie ihre Lebensaufgabe an ihrem Wohnort sehen?
2. Wie viele der in Syrien verfolgten Christen haben aus dem gleichen Grund Flucht abgewählt oder aufgeschoben?

1.1.5. Beschränkte Rationalität

Die These
Die Entscheidung zwischen Flüchten oder Bleiben unterliegt häufig nur beschränkter Rationalität, zumal sie in vielen Fällen unter Zeitdruck und trotz hoher Ungewissheit über wichtige Faktoren getroffen werden muss.

Fragen
1. Wie hoch ist der Anteil von Menschen unter 30 Jahren an den Flüchtlingen weltweit und wie ist dieser Anteil zu begründen?
2. Sind spontane Entscheidungen prinzipiell schlechter oder besser als rationale Entscheidungen i. w. S.?

1.1.6.. Die Dietrich-Bonhoeffer-Entscheidung[1]

Die These
Ethisch herausragend ist die Entscheidung von Menschen, die bewusst und unter Einsatz ihres Lebens in einer heimatlichen Notlage ausharren bzw. wie Dietrich Bonhoeffer dorthin zurückkehren, weil sie glauben, vor Ort der Gesellschaft besser dienen zu können.

---

[1] Dietrich Bonhoeffer war ein evangelischer Theologe Pfarrer, der in London eine Stelle angenommen hatte und nach 1933 dem Rat seines Freundes Karl Barth gefolgt ist, ins Reich zurückzukehren, um dort die bedrohte Kirche und die bedrohte Bevölkerung zu stärken. Sein Engagement im Widerstand führte zu seiner Hinrichtung im April 1945.

1.2. Einladen oder abschrecken?
Eine Gratwanderung

1.2.1. Einladende Signale

Die These
Explizit einladende Signale an potentielle Flüchtlinge aus Zwischenlagern und Herkunftsländern sind auch dann als verantwortungsvolles Handeln kaum zu rechtfertigen, wenn sie aus Empathie für Flüchtlinge in Not erfolgen.

1.2.2. Das Dilemma der Willkommenskultur

Die These
Durch eine hohe Willkommenskultur erzeugte Lockrufe unterliegen dem Dilemma zwischen der humanitären Betreuung Angekommener und der Sorge um das Herkunfts- und das Empfängerland.

1.2.3. Rationale Abwägung

Die These
Eine rationale Abwägung darüber, wie man sich als Bürger oder Bürgerinitiative zur Aufnahme von Flüchtlingen positionieren soll, hängt davon ab, welches Gewicht den zu erwartenden Folgen beigemessen wird. Eine im Ergebnis ableh-

nende Haltung muss weder fremdenfeindlich noch rechtsextrem sein, auch wenn sie mit diesen Positionen im Ergebnis übereinstimmen sollte.

1.2.4. Relativierende Faktoren

Die These
Die Gewichte, die die Bürger eines Empfängerlandes den einzelnen Argumenten für oder gegen die Aufnahme weiterer Flüchtlingen beimessen, hängen teilweise stark davon ab, wie hoch der Ausländeranteil in diesem Land ist und wie viel Flüchtlinge bereits aufgenommen wurden.

Fragen
1. Wie verändert sich die Lebensqualität der Bürger eines Landes mit zunehmenden Flüchtlingszahlen?
2. Gibt es bei diesem Zusammenhang qualitative Sprünge und wenn ja welche bei welchen Veränderungen?
3. Wie ändert sich die Lebensqualität bereits angekommener Flüchtlinge in Abhängigkeit vom Zustrom einer großen Zahl weiterer Flüchtlinge?
4. Wie ist der funktionale Zusammenhang zwischen einer steigenden Zahl von aufgenommenen Flüchtlingen und den anfallenden finanziellen Kosten ihrer Betreuung?
5. Wie schnell bzw. langsam haben wissenschaftliche Einrichtungen belastbare Daten im Laufe der Krise 15/16 bereitgestellt? Welche Qualität hatte die Informationspolitik der Regierungen und Medien gegenüber den Bürgern? Wie haben

Parteipolitiker inkl. derer mit populistischem Stil informationspolitisch operiert?

1.2.5. Das rechte Meinungsspektrum

Die These
Die Haltung des rechten Meinungsspektrums in der Flüchtlingsfrage beruht in hohem Maße auf einer Präferenz für die Entwicklung des Eigenen bei mehr oder weniger starker Abschottung gegenüber dem Fremden. Steigende Flüchtlingszahlen kippen eine vorher akzeptierende bzw. forcieren eine vorher schon ablehnende Einstellung, sodass es auch vermehrt zu Aggressionen kommt.

Fragen
1. Sind Nationalkultur und Multikultur ethische Werte oder reine Neigungsfragen oder eine Mischung aus beidem?
2. Welche Faktoren bestimmen den optimalen Mix aus National- und Multikultur für das Individuum bzw. eine Gesellschaft?
3. Auf welcher Seite ist die Überheblichkeit und Verachtung gegenüber der anderen Seite größer: Bei den Fans der Nationalkultur oder den Fans der Multikultur?
4. Welcher Zusammenhang besteht zwischen der Kulturpräferenz und der ethischen Einstellung einer Person?
5. Welcher Zusammenhang besteht zwischen der Kulturpräferenz und dem tatsächlichen karitativen Engagement von Individuen (nicht beschränkt auf die Flüchtlingshilfe im eigenen Land)?

1.3. Anhalten oder vorübergehen
Die Samaritersituation

1.3.1. Das Verhaltensspektrum der Einheimischen

Die These
Das potentielle Verhaltensspektrum gegenüber angekommenen Flüchtlingen reicht von brutaler Gewalt bis zu selbstloser Hilfe.

1.3.2. Das tatsächliche Verhalten als Spitze eines Eisberges

Die These
Das in der Öffentlichkeit manifestierte Bürgerverhalten ist nur die sichtbare Spitze eines Eisbergs von ethischen Einstellungen und sozialen Stimmungen, die zumindest teilweise schon lange vor der Ankunft von Flüchtlingen die Einheimischen latent geprägt haben.

1.3.3. Gewalt und Anfeindung

Die These
Gewalt gegenüber Flüchtlingen hat im Prinzip viele Wurzeln. Eine rechtsextreme Gesinnung prädestiniert jedoch auf besondere Weise zu derartigen Übergriffen. Ethisch besonders verwerflich ist Gewalt gegenüber Flüchtlingshelfern.

Fragen

1. Wie ordnet sich der Islam mit seinen verschiedenen Strömungen in das politische Links-Rechts-Raster der westlichen Welt ein?

2. Wie häufig und mit welchem Polizeieinsatz kam es zu Blockaden von Demonstrationen gegen die Flüchtlingspolitik?

3. In wie weit haben in dem oben genannten Zeitraum die Berichterstattung der Medien und die Stellungnahmen der Politiker den oben genannten Fairness-Kriterien genügt?

1.3.4. Die Gleichgültigen und Überlasteten

Die These

Angekommenen Flüchtlingen nicht zu helfen kann viele Gründe haben: Während Hartherzigkeit und Gleichgültigkeit ethisch bedenklich sind, gibt es eine Reihe von Rechtfertigungen: Gesundheitliche Probleme, beruflicher Stress, familiäre und sonstige Verpflichtungen.

Fragen

1. Wie viele ehrenamtliche Helferstunden sind in Deutschland zwischen dem 1.10.15 und dem 31.3.16 in der Flüchtlingshilfe geleistet worden?

2. Welche Erfahrungen haben dabei die Helfer mit sich selbst und ihrem unmittelbaren Umfeld gemacht?

3. Welchen Einfluss haben die Terroranschläge in Paris, Berlin usw., die Übergriffe in der Silvesternacht 2015 und andere

kriminelle Handlungen von Flüchtlingen in den Aufnahmeländern auf die Einstellung der Opfer und ihres Umfeldes gegenüber Flüchtlingen gehabt?

1.3.5 Geschädigte und Opfer von Flüchtlingen

Die These
Zumal bei einem starken Flüchtlingszustrom wird eine nicht
unerhebliche Anzahl von Einheimischen durch Maßnahmen
der Flüchtlingspolitik belastet bzw. geschädigt. Andere werden zu Opfern der Übergriffe von Flüchtlingen. Die Reaktio-
nen dieser Personenkreise sind sehr unterschiedlich und be-
dürfen einer besonderen ethischen Würdigung.

Fragen
1. Welchen Einfluss haben die Übergriffe in der Silvesternacht 2015 auf die Einstellung der Opfer und ihres Umfeldes
gegenüber Flüchtlingen gehabt?
2. Welchen Einfluss hatte in der Krise 15/16 das Fehlverhalten von angekommenen Flüchtlingen auf die Hilfsbereitschaft der Bevölkerung?

1.3.6. Ehrenamtliche Flüchtlingshilfe im Rahmen staatlicher Maßnahmen

Die These
Das Spektrum aktiver Hilfe gegenüber angekommenen
Flüchtlingen reicht von Geldleistungen über Patenschaften

bis zur Aufnahme in das eigene Heim. Dabei kann die Kooperation ehrenamtlicher Helfer und staatlicher Stellen je nach Entwicklungsstand des Landes sehr unterschiedlich ausfallen.

Fragen

1. Wie viele private Haushalte haben in der Krise 2015/16 in europäischen Ländern Flüchtlinge aufgenommen?

2. In welchem Umfang haben christliche, muslimische und andere weltanschauliche Gruppierungen aktiv in die Flüchtlingshilfe eingegriffen?

3. In welchem Umfang haben sich Vereine, Unternehmen und andere private Organisationen in der Flüchtlingshilfe engagiert?

4. Wie viele Gelder sind an kommerzielle Helfer und Organisationen bei der Flüchtlingshilfe geflossen?

5. Wie viele Stunden ehrenamtlicher Hilfe wurden geleistet und wie viele öffentliche Mittel wurden dadurch erspart?

6. Wie ist in den vergangenen Jahrzehnten Flüchtlingshilfe innerhalb und zwischen Entwicklungsländern abgelaufen?

7. In welchem Umfang haben sich in der Syrienkrise ab 2011 einheimische Bürger und private Organisationen im Libanon, in Jordanien und in der Türkei in der Flüchtlingshilfe engagiert?

8. In welchem Umfang haben sich in der Krise 2015/16 Politiker ehrenamtlich in der Flüchtlingshilfe engagiert?

1.4. Sich Integrieren oder isolieren?
Flüchtlinge im Aufnahmeland

1.4.1. Fluchtbewegungen mit minimalem Anpassungsbedarf

Die These

Der Anpassungsbedarf für Flüchtlinge ist dann besonders gering, wenn ihr Fluchtziel im eigenen Land bzw. im gleichen Kulturkreis liegt oder gar das Heim von Angehörigen oder Freunden ist. Auch können sie bei Wegfall der Fluchtgründe schnell wieder zurückkehren, sodass der Knick in ihrer persönlichen Lebensplanung so gering wie möglich gehalten wird.

Fragen

1. Welche Erfahrungen wurden in der Krise 2015/16 bzw. bei anderen größeren Fluchtbewegungen der Vergangenheit mit der Versorgung und der Rückkehr bzw. Rückführung von Flüchtlingen aus grenznahen Lagern gemacht?

2. Welche Willkommenskultur herrschte in der Krise 2015/16 in den islamischen Nachbarstaaten von Syrien, welche Probleme sind hier aufgetreten, welche Integrationsbemühungen hat es gegeben?

3. Gibt es wissenschaftliche Untersuchungen zu Fluchtprozessen zwischen armen Ländern, z. B. in Afrika, zu den dabei praktizierten Abläufen, zu Schwierigkeiten Willkommenskultur etc.?

1.4.2. Zusammenprall der Kulturen[2]

Die These
Flüchtlinge importieren ihre Kultur ins Empfängerland und
werden dort mit dessen Kultur konfrontiert. Die Art der individuellen Lösung der daraus resultierenden mehr oder weniger großen inneren und äußeren Konflikte bestimmt das Maß
an Integration bzw. Isolation.

Fragen
1. Wie verhalten sich die Wertesysteme der global wichtigsten Weltanschauungen (Religionen und Nicht-Religionen)
zueinander, wo gibt es Kompatibilität, wo Unvereinbarkeit?
2. Wie ist das Toleranzprofil in stark pluralistisch, christlich,
islamisch, hinduistisch bzw. buddhistisch geprägten Gesellschaften gegenüber den jeweils anderen Weltanschauungen?
3. Wie ist der Einfluss islamischer Würdenträger bis hin zu
den Lehrern in den Koranschulen im Hinblick auf integrie-
rende bzw. isolierende Impulse für Flüchtlinge in Empfängerländern zu beurteilen?

---

[2] Der Begriff wurde von Huntington in den 90er Jahren geprägt
und global gesehen (vgl. Huntington, Samuel P. (1996/1998):
Kampf der Kulturen. Die Neugestaltung der Weltpolitik im 21.
Jahrhundert. Goldmann, München), Der Titel lautet im englischen
Original „The Clash of civilizations", was Zusammenprall der
Kulturen bedeutet. Im vorliegenden Kapitel beziehe ich dieses
Bild auf die konkrete Situation von Flüchtlingen, deren Aufnah-
meland eine völlig andere Kultur hat.

1.4.3. Was bedeutet Integration bzw. Isolation

Die These
Vollständige Integration impliziert ein bestimmtes Maß an Gleichheit zwischen einheimischen Bürgern und solchen mit Migrationshintergrund. Das Gegenteil wäre systematische innere und äußere Abschottung bis hin zur Bildung von Parallelgesellschaften und terroristischen Zellen. Zwischen den beiden Extremen kann man verschiedene Integrationsgrade definieren.

1.4.4. Flüchtlingsprofile

Die These
Der ankommende Flüchtling ist zwar arm an materiellen Gütern aber reich an charakterlicher und kultureller Prägung. Diese hat starre und änderbare Komponenten, was in hohem Maß sein Integrationsverhalten im Empfängerland bestimmt.

Fragen
1. Wie viel Prozent der 1,1 Millionen Flüchtlinge, die 2015 Deutschland erreichten, hatten ein Smartphone, Tablet usw. von welcher Qualität und mit welchem Tarif?
2. Wie und von wem wurden die Zusammenrottungen in der Silvesternacht 2015 organisiert, die zu den Diebstählen und sexuellen Übergriffen führten?

1.4.5. Rechte und Pflichten, Chancen und Risiken im Aufnahmeland

Die These
Der Flüchtling wird im Aufnahmeland mit einem Set aus Rechten und Pflichten und mit den Chancen und Risiken der neuen Wirtschaft und Kultur konfrontiert.

1.4.6. Der Preis vollkommener Integration

Die These
Je größer der Unterschied zwischen der persönlich verinnerlichten Kultur des Herkunftslandes und der des Aufnahmelandes ist umso höher ist der Preis für eine vollständige Integration. Dabei kann die Assimilationsleistung sehr unterschiedlich zwischen den Generationen aufgeteilt sein.

Fragen
1. Welche historischen Erfahrungen und evtl. Gesetzmäßigkeiten gibt es für die Assimilationsprozesse von Flüchtlingen im Empfängerland?
2. Welche wissenschaftlichen Aussagen lassen sich über den Ablauf vollständiger individueller Integration machen? Welche Faktoren waren entscheidend, welche hinderlich?

1.4.7. Die Dragan Atorovic-Entscheidung[3]

Die These
Eine ethisch herausragende Entscheidung liegt vor, wenn ein Flüchtling günstige Perspektiven im Aufnahmeland hat, aber in sein Herkunftsland zurückkehrt, um diesem zu dienen, obwohl dies zumindest vorübergehend mit erheblichen Opfern verbunden ist.

1.4.8. Ausnutzung des Aufnahmelandes

Die These
Neigungen zu moralischem Fehlverhalten, die der Flüchtling bereits im Herkunftsland hatte, wird er mit einer gewissen Wahrscheinlichkeit auch im Aufnahmeland an den Tag legen. Dabei können der Kulturschock sowie Lücken und Schwächen im System des Aufnahmelandes besondere Anreize zu Fehlverhalten schaffen. Ihnen zu widerstehen wird evtl. durch die persönliche Stresssituation des Flüchtlings erschwert.

---

[3] Es handelt sich hier um einen bosnischen Arzt, den ich persönlich kannte (Name geändert). Er war im Bosnien-Krieg nach Deutschland geflohen. Nach Kriegsende hätte er bleiben und ein gutes Leben mit einer vielleicht steilen Karriere haben können. Er ist aber nach Kriegsende zusammen mit seiner Frau in das schwierige Umfeld von Sarajewo zurückgekehrt, hat dort eine dringend benötigte Praxis eröffnet und sich in der lokalen Politik engagiert.

Fragen:

1. Wie hoch war die Zahl der Polizeieinsätze zur Beseitigung von Streitigkeiten in Flüchtlingsunterkünften in Europa ab Herbst 2015?

2. Wie hoch war insgesamt die Zahl der Ausweichflüchtlinge 2015 in Deutschland?

3. In welchem Umfang sind europaweit glaubensmäßig bedingte Übergriffe in Flüchtlingsunterkünften aktenkundig geworden und wie hoch schätzt das Betreuungspersonal das Ausmaß von religiös begründetem Mobbing ein?

4. In welchem Umfang treten die Sachverhalte aus Frage 3 in den großen Lagern in Uganda, Kenia, Jordanien, der Türkei und des Libanon auf?

5. Welcher Prozentsatz der in 2015 nach Europa geströmten Flüchtlinge hat eine islamistische Überzeugung.

6. Wie ist bei den in Europa in der Krise 2015/16 angekommenen Flüchtlingen das Verhalten beim Spracherwerb? In welchem Umfang werden Kurse angeboten und wie werden diese angenommen? Wie motiviert, zuverlässig und fleißig sind die Teilnehmer?

7. Wie hoch ist in Europa der Anteil der Flüchtlinge, die sich gegen eine Abschiebung mit illegalen Mitteln wehren bzw. sich ihr durch Ausweichflucht entziehen?

8. In welchem Umfang ist es insgesamt in der Krise 15/16 in den Aufnahmeländern zu moralischem Fehlverhalten von Flüchtlingen gekommen? Wie viele der gut versorgten Flüchtlinge würden sich – bei repräsentativer Befragung – als dankbar gegenüber ihrem Aufnahmeland bezeichnen?

1.4.9. Terrorismus und Kriminalität

Die These
Im ungünstigsten Fall kommen Flüchtlinge bereits mit kriminellen Absichten im Empfängerland an bzw. entwickeln diese nach ihrer Ankunft. Integration kann in solchen Fällen als Tarnmaßnahme benutzt werden, um die oben genannten Ziele besser verwirklichen zu können.

Fragen
1. In welchem Umfang haben sich in den vergangenen Jahrzehnten weltweit kriminelle Vereinigungen und terroristische Organisationen unter dem Deckmantel von Auswanderung und Flucht in andere Länder ausgedehnt?
2. Welche Rolle spielt organisierte Kriminalität weltweit, insbesondere in den Herkunftsländern großer Flüchtlingsströme? In welchem Umfang ist sie mit Clanstrukturen verbunden?
3. Wie groß ist die Gefahr des Exports dieser Strukturen im Zusammenhang mit Fluchtbewegungen?
4. Gibt es in der islamischen Theologie eine Diskussion über das ethische Pro und Contra von Selbstmordattentaten? Welche Rolle spielt dabei der Koran

1.5. Königswege und niedere Pfade
Eine individualethische Perspektive auf das Flüchtlingsproblem

Die These
Eine Bewertung der für Flüchtlingsfragen relevanten individuellen Handlungsmöglichkeiten mit dem kombinierten Liebes-Nutzen-Konzept ergibt als grobes Raster vier ethische Niveaus des Handelns: Die Königswege, die liebes- und die hassdominierten mittleren Pfade und die Wege im Abgrund. Die Niveaus unterscheiden sich darin, welche Rolle Liebe bzw. Hass als Grundeinstellungen spielen. Bei gleichem ethischem Niveau kann sich unterschiedliches, ja sogar konträres Verhalten ergeben.

Fragen
1 .Wie stellen sich biochemisch, neurobiologisch und psychologisch die Unterschiede zwischen den Grundeinstellungen Liebe und Hass dar?
2. Lassen sich mit den Methoden der unter 1. genannten Wissenschaften Grade und Mischungen von Liebe und Hass nachweisen?
3. Ist der Mix aus Rationalität und Emotionalität bei liebes- und hassgeprägtem Verhalten ähnlich oder unterschiedlich?
4. Welchen Einfluss hat die jeweilige Weltanschauung auf die Grundeinstellung des Individuums?
5. In welchem Umfang laufen Motivations- bzw. Entscheidungsprozesse bewusst bzw. unbewusst ab?

6. In welchem Verhältnis steht der hier vorgestellte Ansatz zu der Dualität von Gesinnungs- und Verantwortungsethik, wie sie Max Weber in die Diskussion eingebracht hat?

Teil 2
Eine Herausforderung für Staat und Gesellschaft

2.1. Öffnung oder Abschottung
Wie sich Gesellschaften zur Flüchtlingsfrage positionieren.

2.1.1. Das Spektrum sozialer Handlungsalternativen

Die These
Jede staatlich organisierte Gesellschaft hat in der Flüchtlingsfrage eine Bandbreite von Möglichkeiten, die von völliger
Öffnung bis hin zu totaler Abschottung gegenüber Flüchtlingen reicht, sofern man internationales Flüchtlings- und Asylrecht außer Acht lässt.

2.1.2. Große Flüchtlingsströme – eine neue Qualität

Die These
Bei einer abrupten Zunahme von bereits vorher starken
Flüchtlingsströmen erlangt die Herausforderung für die aufnehmende Gesellschaft eine völlig neue Dimension was die
kurz- und langfristig zu bewältigenden Folgen betrifft.

Fragen
1. In wie vielen Kommunen innerhalb der EU war die Flüchtlingskrise 2015/16 mit einem signifikanten Sinken des sozialen Friedens verbunden?
2 .In welchem Umfang hat in der Krise 2015/16 bei den in
Europa angekommenen Flüchtlingen Alkoholkonsum eine
Rolle gespielt?

2.1.3. Wirtschaftliche Kapazität und moralische Bereitschaft

Die These
Die wirtschaftliche Kapazität zahlreicher Länder zur Aufnahme von Flüchtlingen ist um ein Vielfaches höher als die moralische Bereitschaft der Bevölkerungen. Umgekehrt gibt es Länder, in denen einzelne Bürger und Bürgerinitiativen insgesamt mehr Flüchtlinge aufnehmen würden als ihnen die jeweilige Regierung ermöglicht.

Fragen
1 .In welchem Umfang haben Islamophobie und Terrorangst die Einstellungen der Bevölkerungen in den europäischen Ländern in der Flüchtlingskrise 2015/16 beeinflusst?
2. Welchen Einfluss hat die Flüchtlingskrise 2015/16 auf das Brexit-Votum vom Juni 2016 gehabt?

2.1.4. Totale Öffnung

Die These
Die völlige Öffnung eines Landes gegenüber Flüchtlingen jeglicher Herkunft ist internationales Recht. Sie kann jedoch die moralische Kapazität einer Bevölkerung überfordern, einen erheblichen politischen Rechtsruck bewirken und damit kurz- oder mittelfristig ins andere Extrem umschlagen. Langfristig ist damit auch den Flüchtlingen, die angekommen oder unterwegs sind, nicht gedient.

Fragen

1. Waren sich die Unterzeichnerstaaten der internationalen Flüchtlingsabkommen der dramatischen Konsequenzen bei extrem hohen Flüchtlingszahlen bewusst?

2. In welchem Umfang haben die Flüchtlingsströme 2015/16 einen Rechtsruck in Europa begünstigt und die Stabilität von EU-Staaten bzw. der gesamten EU beeinträchtigt?

3. Lässt sich der Dualismus von Gesinnungs- und Verantwortungsethik mit dem in diesem Buch benutzten kombinierten Liebes-Nutzen-Konzept überwinden?

2.1.5. Obergrenze und Kontingent

Die These

Eine Obergrenze für die aufzunehmende Zahl von Flüchtlingen mag gegen manche Asylrechtsauffassungen und -regelungen verstoßen, respektiert aber die karitative Souveränität einer Bevölkerung besonders gut. Eine Kontingentregelung kommt als Alternative in Frage ist aber weniger operabel bei der mittelfristigen Manifestation des Volkswillens.

2.1.6. Völlige Abschottung

Die These

Die völlige Abschottung eines Unterzeichnerstaates der Genfer Flüchtlingskonvention (GFK) gegenüber Flüchtlingen verstößt gegen internationales Recht. Sozialethisch bedeutet sie eine extreme Form von Sozioismus[4] und beraubt den hilfsbereiten Teil der Bevölkerung jeglicher Möglichkeit, seiner Empathie Taten folgen zu lassen.

Fragen

1. Welche Methoden genau verwenden die Türkei, Griechenland, Mazedonien und Ungarn zur Abwehr von illegalen Flüchtlingen? Haben diese eine Möglichkeit, an einem legalen Grenzübergang zu erscheinen und wie werden sie dann behandelt?

2. Wie hat der Türkei-Deal seit April 2016 funktioniert?

3. Kann die Türkei nach dem Putschversuch 2016 und den folgenden Maßnahmen noch als sicheres Herkunftsland betrachtet werden

---

[4] Der Begriff Sozioismus wurde von mir geprägt, was im Hauptwerk ausführlich begründet wurde. Er besagt auf gesellschaftlicher Ebene das, was auf individueller Ebene Egoismus bedeutet: Es geht um die im nationalen politischen Prozess manifestierte Haltung einer Gesellschaft, das Wohl des eigenen Staates mehr oder weniger rücksichtslos über das Wohl aller anderer Staaten zu stellen. Ein typisch soziositischer Slogan wäre die Trump'sche Maxime „America first".

2.2. Fair oder ausbeuterisch?
Die Verteilung von Nutzen und Kosten der Flüchtlingspolitik

2.2.1. Flüchtlingspolitik: Was sie bringt und was sie kostet.

Die These
Die Flüchtlingspolitik einer Gesellschaft hat direkte und indirekte soziale Vor- und Nachteile, die immaterieller und/oder materieller Natur sein können. Ob sie eine nationale Wohlfahrtserhöhung oder –minderung bewirkt, hängt von den Gewichten ab, die die Bürger und gesellschaftlichen Gruppierungen den einzelnen Vor- und Nachteilen zuordnen.

Fragen
1. Wie viele und welche potentiellen Aufnahmeländer der Erde leisten bewusst keinerlei Beitrag zur Lösung des globalen Flüchtlingsproblems?
2. Welche positiven bzw. negativen internationalen Wirkungen hatte die vorpreschende liberale deutsche Flüchtlingspolitik in der Krise 2015/16?
3. Welchen Einfluss haben DDR-Flüchtlinge, Russlanddeutsche, italienische und türkische Einwanderer auf Arbeitsmarkt und Sozialprodukt der Bundesrepublik Deutschland gehabt?
4. Welchen Einfluss haben die Flüchtlinge im Libanon, Jordanien und der Türkei auf die dortige wirtschaftliche Entwicklung?
5. Wie sehen die volkswirtschaftlichen Nutzen-Kosten-Prognosen in allen Ländern aus, die in der Krise 2015/16 Flüchtlinge aufgenommen haben?

6. Wie hoch waren die Gesamtkosten der Flüchtlingspolitik in den verschiedenen Aufnahmeländern in Abhängigkeit von den aufgenommenen Flüchtlingszahlen in den Jahren 2010 bis 2016?

7. Wie hat sich in Deutschland der Informationsstand der Gebietskörperschaften im Flüchtlingsjahr 2015/16 entwickelt und wie korrekt wurde er an die Bevölkerung weiter gegeben

8. Wie korrekt oder nicht korrekt, wie fair oder unfair war die Berichterstattung der deutschen Medien aller Couleurs über Flüchtlingsfragen im gleichen Zeitraum?

9. Welchen Einfluss hatten und haben in der Krise 2015/16 hohe Flüchtlingszahlen auf das Lebensgefühl der Bevölkerung?

10. Welche Rolle spielt dabei das Angstsyndrom insbesondere bei älteren Menschen?

2.2.2. Die Verteilung des sozialen Nutzens

Die These

Die immateriellen Vorteile nationaler Flüchtlingspolitik kommen überwiegend der Gesellschaft in ihrer Gesamtheit bzw. in ihrer Mehrheit zu Gute. Die materiellen Vorteile dagegen lassen sich teilweise Unternehmen, Konsumenten und Rentnern gegenwärtigen und zukünftiger Generationen zuordnen.

Fragen

1. Welche mikro- und makroökonomischen Prozesse werden von den ca. 100 Mrd. Euro flüchtlingsspezifischer Staatsausgaben ausgelöst bzw. beeinflusst, die die deutsche Bundesregierung bis 2020 einplant?

2. Welche Verteilungswirkungen sind zu erwarten und von welchen Faktoren hängen diese ab?

3. Wer werden die einheimischen Gewinner sein? Wird es bei diesen Prozessen auch Verlierer geben?

4. Welche Rolle haben in der Krise 15/16 monopolistische Strukturen und Korruption in den Aufnahmeländern gespielt?

2.2.3. Direkte Kosten – Steuersystem - Sozialsystem

Die These

Die direkten Kosten der Flüchtlingspolitik eines entwickelten Landes werden aus Steuermitteln und aus den Reserven der Sozialversicherung gedeckt. Ihre Verteilung auf die Bevölkerung steht dadurch in direktem Zusammenhang mit der Verteilung der Steuerlast und der Beitragsgestaltung in der Sozialversicherung.

Fragen

1. Wie wirkt die Flüchtlingshilfe in den Aufnahmeländern mit relativ wenig Steuerhinterziehung und Korruption und wie verteilen sich diese Kosten auf die Bevölkerung?

2. Welche Verteilungsprozesse laufen bei den korrupteren und weniger entwickelten Ländern diesbezüglich ab?

2.2.4. Die Krux mit den negativen Nebenwirkungen

Die These

Insbesondere bei der Verteilung der negativen Nebenwirkungen nationaler Flüchtlingspolitik zeigen sich allzu leicht extreme Ungleichheiten, die teilweise ausbeuterischen Charakter annehmen. Die Schwierigkeiten bei der Kompensation von Lasten rechtfertigen nicht ihre gänzliche Unterlassung.

Fragen

1. Nach welchen Regeln und in welchem Umfang wurden bzw. werden Entschädigungen an einheimische Opfer krimineller Handlungen von Flüchtlingen in den verschiedenen Aufnahmeländern geleistet? In welchem Umfang sind die Angehörigen von Mordopfern einbezogen worden?
2. Wie viele Personen mussten in der Krise 2015/16 in den betroffenen Aufnahmeländern psychisch wegen einem Angstsyndrom oder ähnlichen Phänomenen als Folge von kriminellen Handlungen von Flüchtlingen behandelt werden?

Vorschläge

1. Die Opfer des Fehlverhaltens von Flüchtlingen unterhalb und oberhalb der Kriminalitätsschwelle sollten großzügig betreut, aus Steuermitteln kompensiert und zumindest in den Fällen, wo sie nicht in Hass verfallen, auf vergleichbare Weise geehrt werden wie die aktiven Flüchtlingshelfer, gewissermaßen als „passive Flüchtlingshelfer".
2. Starke Aufstockung der Mittel für innere Sicherheit, finanziert aus einem Solidaritätszuschlag bei Einkommen ab einer

Höhe, bei der alle politischen Amtsträger ab einer bestimmten Hierarchieebene einbezogen sind.

3. Bildung eines Fonds aus dem Aufkommen des gleichen Solidaritätszuschlages, aus dem potentielle Probleme von durch Flüchtlinge benachteiligte Bürger beseitigt werden können. Beispiel: Finden einer großen Wohnung, nachdem der Bestand Flüchtlingsfamilien zugesprochen wurde.

2.3. Freiwilligkeit oder Zwang?
Flüchtlingshilfe im demokratischen Prozess

2.3.1. Die karitative Souveränität[5] der Bürger

Die These
Karitatives Handeln erhält sowohl auf individueller wie auf gesellschaftlicher Ebene seinen besonderen ethischen Wert dadurch, dass es freiwillig geschieht. Zwang, vollendete Tatsachen und indirekter Druck seitens Politik und/oder Gesellschaft mindern diesen Wert bzw. heben ihn auf. Wo Zwang unvermeidbar ist, sollte deshalb über die Kompensation der Flüchtlingshelfer wider Willen nachgedacht werden.

---

[5] Dieser Begriff ist mir in der Literatur noch nicht begegnet. Seine Bedeutung wird durch die folgende These klar. Es handelt sich um einen Teil der bürgerlichen Freiheit, dem in ethischer Hinsicht besondere Bedeutung zukommt. Insbesondere in der Flüchtlingskrise 2015/16 kam es zu dramatischen Verletzungen dieses Bürgerrechts.

2.3.2. Die karitative Souveränität von Gesellschaften

Die These

Die karitative Souveränität der Gesellschaft eines potentiellen Aufnahmelandes wird dann eingeschränkt, wenn der von früheren Generationen bewirkte Beitritt zu internationalen Konventionen nicht mehr mehrheitsfähig ist und mangelhafte innere Strukturen und/oder internationaler Druck den Rückzug von diesen Verträgen verhindern.

Fragen

1. Im welchem Umfang verstoßen weltweit Unterzeichnerstaaten der GFK gegen deren Geist und Buchstaben?

2. In welchem Umfang haben EU-Staaten in der Krise 2015/16 gegen die GFK und/oder gegen EU-Flüchtlingsrecht verstoßen?

3. Wie ist im Nachhinein der Bau der Mauern in der Türkei, in Mazedonien und in Ungarn flüchtlingspolitisch zu bewerten?

4. In wie weit wurden durch das Vorpreschen Deutschlands in den ersten Krisenwochen die Freiheitsspielräume anderer Staaten beeinträchtigt und die Stabilität der EU gefährdet?

5. Wie stark war in der Krise 15/16 der Kontrollverlust in den betroffenen Aufnahmeländern und wodurch ist er zustande gekommen?

Vorschlag

1. Die Unterzeichnerstaaten der GFK sollten ihre verfassungsmäßigen Organe beauftragen, zu überprüfen, ob die Mitgliedschaft in der Konvention noch mehrheitsfähig ist, ob die nationale Politik dieser Konvention noch entspricht und

ob es Reformvorschläge für die GFK gibt bzw. ein Austritt
erwogen werden sollte, um die nationale karitative Souveränität zu wahren.

2.3.3. Entscheidungskompetenz und karitative Souveränität

Die These
Die karitative Souveränität einer Bevölkerung wird umso
mehr gefährdet, je mehr flüchtlingspolitische Kompetenzen
die Bevölkerung mittel- und langfristig auf nationale und indirekt auf internationale Institutionen überträgt. Dieser politische Überbau kann leicht ein Eigenleben entfalten, das sich
mehr und mehr vom Volkswillen entfernt.

Fragen
1 .Könnten Volksabstimmungen zu Themen wie GFK-Beitritt, EU-Beitritt, Asylrecht usw. durch Verfassungsänderung
in das Grundgesetz eingebaut werden?
2. Frage an die Meinungsforschungsinstitute: Würden Grundgesetz, GFK-Unterzeichnung bzw. EU-Beitritt im Falle einer
Volksbefragung im Jahre 2017 eine Mehrheit in der deutschen Bevölkerung haben?
3. Welche Rolle hat nach dem 2. Weltkrieg die Angst vor dem
Volk bei den Entscheidungen der politischen Klasse gespielt?

Vorschläge
1. In Staaten, wo dies noch nicht geschehen ist, sollte durch
Volksabstimmung über die bestehende bzw. eine vorher noch
verbesserte Verfassung entschieden werden.

2. Verfassungsänderungen sollten grundsätzlich Gegenstand von Volksabstimmungen sein.

2.3.4. Aufnahmebereitschaftserklärungen

Die These
Aufnahmebereitschaftserklärungen von Bürgern, Bürgerinitiativen und Kommunen könnten einen demokratischen Prozess von unten schaffen, der zwar auch nicht spannungsfrei verlaufen würde, aber dem Wesen von „Flüchtlingshilfe" vielleicht am ehesten entspricht.

Fragen
1. Welche Änderungen der globalen rechtlichen Rahmenbedingungen inkl. der GFK wären erforderlich, wollte man Aufnahmebereitschaftserklärungen global zu einem zentralen Instrument der Flüchtlingshilfe machen?
2. Wie sieht eine wissenschaftlich begründete Prognose für die Zahl der Flüchtlinge aus, die auf der Basis von privaten und/oder kommunalen Aufnahmebereitschaftserklärungen in den potentiellen Empfängerländern aufgenommen würden? Bei einer solchen Studie sollte ein gewisses Maß an staatlichen flankierenden Maßnahmen unterstellt werden und sie sollte auch Staaten wie Polen und Australien einbeziehen, die gegenwärtig völlig abstinent sind, in denen es aber doch Hilfsbereitschaft auf Bürgerebene geben könnte.
3. Wie beurteilt die moderne Altruismus-Forschung die Chancen für eine nennenswerte Flüchtlingshilfe von unten? Welche diesbezüglichen empirischen Erkenntnisse bieten

dazu vergangene Krisen (15/16, Naturkatastrophen, Kriege usw.).

2.4. Offenheit, Selbstbestimmung, Fairness
Eine sozialethische Perspektive

Die These
Für jedes potentielle Empfängerland von Flüchtlingen gibt es eine Politikvariante mit optimalen Ausprägungen der Dimensionen Öffnungsgrad, Selbstbestimmung und Fairness, die von den nationalen Rahmenbedingungen und Präferenzen abhängt. Die Verfassung dieses Landes und seine internationalen flüchtlingspolitischen Verpflichtungen sollten diesem Optimum Rechnung tragen, um inneren Frieden zu bewahren.

Fragen
1. Wie sieht die sozialwissenschaftlichen Analyse der Krise 15/16 bezüglich der Aufnahmeländer aus und welche Folgerungen für die jeweilige nationale Flüchtlingspolitik lassen sich ziehen?
2. Wie ist die Verschärfung des nationalen Asylrechts in Deutschland während der Krise im Hinblick auf Umfang und Qualität der Flüchtlingshilfe zu beurteilen?

Teil 3
Globalisierung – auch der Verantwortung

3.1. Ausflug in eine utopische Welt
Zwei Modelle zur globalen Flüchtlingsproblematik

3.1.1. Welt ohne Flüchtlinge

Die These
In einer utopischen Welt, in der es keine Flüchtlinge gibt, existieren auch keine Fluchtursachen. Weder Naturkatastrophen noch soziale Katastrophen wie Krieg, Bürgerkrieg, Wirtschaftskrisen und/oder totalitäre Regimes treiben Menschen in die Flucht.

Fragen
1. Welchen Stellenwert haben Toleranz und sozialer Friede in den Weltanschauungen der Erde?
2. Welche Gesetzmäßigkeiten lassen sich bezüglich der Ursachen-Symptom-Relation bei den großen Fluchtbewegungen in der Weltgeschichte erkennen?
3. In welchem Umfang erscheint eine Milderung bzw. Beseitigung des Symptoms Flucht ohne Ursachenbeseitigung realistisch?

3.1.2. Welt mit offenen Grenzen

Die These
Eine Welt mit für Flüchtlinge offenen Grenzen erweist sich bei großen Krisen als widersprüchlich und instabil, weil in jedem Fall die zum Krisenherd nächstgelegenen Länder über-

lastet werden können. Wenn die Versorgungsstandards weltweit nicht einheitlich sind, geraten auch die Länder mit den
besten Versorgungsstandards an den Rand ihrer Kapazität
und müssen Obergrenzen einführen oder Grenzkontrollen
verschärfen.

3.2. Die Lage in der Mitte des 2. Jahrzehnts des 21. Jahrhunderts
Mehr als fünfundsechzig Millionen auf der Flucht

3.2.1. Ein Jahrhundertproblem?
Mit ca. 65 Millionen Flüchtlingen weltweit Ende 2015 bzw.
2016 behält das Flüchtlingsproblem über Jahrzehnte eine
hohe Bedeutung, wobei ihm die Auswirkungen der Klimakatastrophe eine neue Dimension verleihen könnten.

Frage
1. Welche Flucht- und Wanderungsbewegungen sind langfristig durch den Klimawandel zu erwarten?

3.2.2. Der Status-quo der globalen Problemlösung

Die ‚These
In der Mitte des 2. Jahrzehnts des 21. Jahrhunderts ist der
überwiegende Teil der mehr als 65 Millionen Flüchtlinge
massiv unterversorgt. Eine Politik zur nachhaltigen Änderung
dieses Zustands kommt nicht zustande, weil die UNO zu

schwach ist und zahlreiche wirtschaftlich leistungsfähige Staaten zu sozioistisch sind.

Fragen

1. Wie viele von den 65 Mio. Flüchtlingen in 2016 haben überhaupt keine UN-Unterstützung erhalten, wie viele auch nicht aus anderen Quellen?

2. Welche Arten von Hindernissen bestehen, dass die UN-Hilfe alle Flüchtlinge erreicht?

3. Welches Verhältnis besteht in europäischen Ländern zwischen den Leistungen an einen Sozialhilfeempfänger und denen an Flüchtlinge ohne und mit Asylantenstatus?

4. Wie hoch waren in 2014 die Aufwendungen für Flüchtlinge weltweit, wenn man alle Ebenen von privaten Organisationen bis zur UNO zusammenrechnet? Wie waren diese Aufwendungen auf die Flüchtlingsströme verteilt, welche sind leer ausgegangen?

5. Wie kommt das global extrem niedrige Versorgungsniveau der 65 Mio. Flüchtlinge zustande?

6. Wie viele und welche Unterzeichnerstaaten der GFK haben diese angemessen in nationale Gesetzgebung umgemünzt?

7. Wie ist in diesen Staaten das Verhältnis zwischen positivem Asyl- und Flüchtlingsrecht und der politischen Realität?

3.2.3. Laissez-Faire oder strikte UNO-Regelung?

Die These
Das gesamte Spektrum der Handlungsmöglichkeiten reicht vom totalen Laissez-Faire bis hin zu einer solidarischen Regelung unter Leitung der UNO, bei dem alle Flüchtlingsströme frühzeitig, gleichmäßig und angemessen versorgt werden.

3.3. Soziospezifisch oder global einheitlich?
Ein abgestuftes Konzept globaler Flüchtlingspolitik

3.3.1. Das Konzept im Überblick

Die These
Ziel der globalen Flüchtlingspolitik sollte es sein, Flucht so schnell wie möglich in geordnete Bahnen zu lenken, sodass sie die Biografie des Flüchtlings minimal belastet und dem Herkunftsland so nachhaltig wie möglich dient. Dazu bedarf es einer finanziell und militärisch kompetenten UNO, die auf hohem Niveau Flüchtlingslager im Herkunftsland und/oder Anrainerstaaten zu schützen und auf hohem Niveau zu betreiben vermag, dort die Asylverfahren abschließt, bei Bedarf nach international verabredetem Schlüssel Asylanten – keine Flüchtlinge - weltweit verteilt, die dann im Aufnahmeland ihre Zeit optimal nutzen können, um so bald wie möglich gestärkt wieder in das Geschehen ihrer Heimat eingreifen zu können.

3.3.2. Landesinterne Lösung

Die These
Bei einem Konzept globaler Flüchtlingspolitik sollte eine landesinterne Lösung erste Präferenz haben. Dazu gehört, dass die UNO geschützte Lager innerhalb des betroffenen Landes einrichtet, notfalls militärisch schützt und mit internationalen Ressourcen auf hohem Niveau betreibt. Registrierung und Asylverfahren für die Flüchtlinge erfolgen in diesen Lagern, die im Übrigen alle Merkmale einer Kommune haben können.

Vorschläge
1. Blauhelmeinsätze zur Herstellung und/oder zum Schutz von Flüchtlingslagern sollten von der UNO-Exekutive nach bestimmten Kriterien beschlossen werden können. Entweder ist dem Sicherheitsrat hier gar keine Kompetenz einzuräumen oder eine, die mit einer Mehrheitsentscheidung wahrgenommen werden kann. Ein Vetorecht ist hier aus humanitären Gründen unangebracht.
2. Als Kriterium für ein Eingreifen der UNO zwecks Erstellung von grenznahen Flüchtlingslagern kommt z. B. eine bestimmte Zahl von Flüchtlingen pro Periode in Frage. Zahl und Zeitraum sollten nicht zu groß sein, damit die Situation nicht schon außer Kontrolle ist, bevor eingegriffen wird.
3. Um rechtzeitig reagieren zu können, benötigt UNHCR ein Frühwarnsystem ähnlich dem, was für Tsunamis eingerichtet wurde. Ziel ist, Fluchtbewegungen frühzeitig zu erkennen, um angemessen reagieren zu können.

3.3.3. Der Weg über die Anrainerstaaten

Die These
Wenn landesinterne Lager den Flüchtlingsstrom nicht nachhaltig und auf hohem Niveau bewältigen können, werden solche Territorien unter UNO-Regie in Anrainerstaaten gemäß deren Kapazität erstellt. Aufbau und Funktion dieser Asylstädte ist unverändert im Vergleich zu den Einrichtungen im Problemland selbst. Ein Sonderproblem stellt die Abschottung des Areals nach außen dar, um das Untertauchen von Flüchtlingen im Anrainerstaat zu unterbinden.

Frage
Wie viele durch totalitäre Systeme an der Flucht gehinderte Menschen gab es im Jahre 2015 weltweit?[6]

Vorschläge
1. Im Rahmen der UN-Flüchtlingspolitik sollte geregelt werden, dass alle Mitgliedstaaten bereit sind, UN-geführte Flüchtlingslager auf ihrem Territorium zuzulassen, wenn Flüchtlinge aus dem Nachbarland hereinströmen.

---

[6] Eine Schätzung dieser Zahl ist mit erheblichen Schwierigkeiten verbunden. Man müsste berücksichtigen wie genau die Grenzregimes z. B. in Südkorea oder China funktionieren, welche verdeckten Mechanismen durch Diktaturen benutzt werden, um Menschen an der Flucht zu hindern etc. Jedenfalls taucht die Zahl der auf diese Weise in ihrem Land eingesperrten Menschen in der UNHCR-Statistik nicht auf.

2. Anrainerstaaten, auf deren Territorium Flüchtlingslager bestehen oder eingerichtet werden, erhalten Anspruch auf Entschädigung durch die Staatengemeinschaft.

3. Zur zügigen Bereitstellung der Entschädigungsleistungen in Krisensituationen wäre die Gründung eines diesbezüglichen Fonds zu erwägen, in den die Mitgliedstaaten der UNO gemäß der Höhe ihres Sozialproduktes einzuzahlen hätten.[7]

3.3.4. Einheitliche Standards weltweit

Die These
Für die Rechte, Pflichten und die Versorgung der Flüchtlinge in den UN-Territorien bzw. den Aufnahmeländern sollte die Staatengemeinschaft international einheitliche Standards festlegen, die eine angemessene Lebensqualität sichern und den Anreiz zur Ausweichflucht minimieren.

Fragen
1. Wie hoch waren in 2016 die durchschnittlichen, die maximalen und die minimalen Wartezeiten der Asylbewerber auf den Beginn ihres Verfahrens in den Aufnahmeländern weltweit? Wie viele Flüchtlinge haben überhaupt keine Aussicht auf ein Verfahren?

---

[7] Für unterentwickelte Anrainerstaaten könnten diese Zahlungen als Entwicklungshilfe deklariert und ihre Verwendung entsprechend kontrolliert werden, um der Korruption vorzubeugen. Wenn man bedenkt, was arme Anrainerstaaten auf diesem Gebiet leisten, wäre eine Gesamtsumme an Entschädigungen pro Jahr von mehreren Milliarden Dollar durchaus vertretbar und gut angelegt.

2. Wie hoch sind die durchschnittlichen Wartezeiten ohne Arbeitserlaubnis pro Flüchtling in den europäischen Aufnahmeländern im Jahre 2016 gewesen?

3. Wie hoch ist die durchschnittliche Aufenthaltsdauer der Flüchtlinge in den libanesischen und jordanischen Lagern?

4. Wie sähe im Detail ein politisches, soziales und wirtschaftliches Modell für UN-Flüchtlingsterritorien mit verschiedener Größe aus? Wie hoch wären Geld- und Zeitaufwand bei ihrer Erstellung unter verschiedenen klimatischen Bedingungen?

Vorschläge

1. Vor Aufnahme in die Einrichtung sollte der Antragsteller über Rechtsordnung und Gebräuche des UN-Territoriums informiert und zu deren Respektierung verpflichtet werden.

2. Bei Aufnahme in die UN-Einrichtung werden die üblichen Registrierungsverfahren von Erstaufnahmeeinrichtungen angewandt. Dabei sollte der Ankömmling auch seine Telefon- und E-Mail-Verbindung angeben, sofern er eine hat.

3. Für die aufnehmende Einrichtung und für die optimale Anpassung der UN-Politik an die lokalen Verhältnisse wäre es wünschenswert, wenn der Flüchtling sein persönliches Profil mit erlerntem Beruf, besonderen Talenten usw. offenlegen würde.

4. Der Asylbewerber sollte die Bereitschaft zur Residenzpflicht, zum Spracherwerb, zu Ausbildung bzw. Arbeitsleistung und zur Rückkehr in sein dann sicheres Herkunftsland schriftlich spätestens beim Asylantrag bestätigen.

3.3.5. Globale Verteilung von Asylanten

Die These
Da es kaum möglich sein wird, alle Flüchtlinge mit Asylstatus in UN-Territorien vor Ort angemessen zu versorgen, bedarf es bei ihrer Betreuung der Einbeziehung von geographisch weiter entfernten Aufnahmeländern. Eine faire Verteilung auf alle potentiellen Aufnahmeländer verlangt einen Schlüssel, der sich hauptsächlich an deren Leistungsfähigkeit orientiert.

Fragen
1. Nach welchem Schlüssel müsste die globale Verteilung der Asylanten erfolgen?
2. Nach welchem Kriterium wären Staaten vollständig von der Aufnahme von Asylanten zu befreien?
3. Wie viel Prozent der 65 Millionen Flüchtlinge weltweit sind nach EU-Standards als unterversorgt zu betrachten?
4. Wieviel finanzielle Mittel müssten pro Jahr global aufgewendet werden, um alle Flüchtlinge nach EU-Standards zu betreuen?

Vorschläge
1. Die UNO legt durch Beschluss ihrer Vollversammlung ohne Vetorecht des Sicherheitsrates einen bestimmten Schlüssel fest, nach dem die Asylanten, die in den UN-Territorien nicht angemessen betreut werden können, aus diesen heraus auf UN-Mitgliedstaaten verteilt werden, um dort weiter gemäß den UN-Standards integriert zu werden.

2. Der Verteilungsschlüssel kann an den UN Finanzierungs-
schlüssel angelehnt sein, sollte aber doch problemspezifische
wie verfügbares Territorium und schon vorhandenen Ausländeranteil in Rechnung stellen.
3. Es muss erwogen werden, zumindest stark unterentwickelte Länder aus diesem Verteilungsprozess auszusparen.

3.3.6. Temporäre Integration und Rückkehr ins Herkunfts-
land

Die These
Die Integration von Flüchtlingen mit Aufenthaltserlaubnis
sollte auf einem global einheitlichen Mindestniveau erfolgen
und temporär sein, d. h. auf Rückkehr ins Herkunftsland angelegt. Überschreitet die Aufenthaltsdauer des Asylanten wegen andauernder Unsicherheit seines Herkunftslandes eine
bestimmte Zeit, kann die Einbürgerung angeboten, Anreize
zur Rückkehr sollten aber gesetzt werden.

Fragen
1. Wie ist das Auswahlverfahren für die Flüchtlinge, die zum
Resettlement vermittelt werden, zu beurteilen? Ist deren si-
cherheitspolitische, charakterliche und berufliche Qualifika-
tion eindeutig überdurchschnittlich? Wie unsicher sind deren
Herkunftsländer und wie ist deren Zukunftsperspektive in
Richtung mehr Sicherheit?
2. Wie ist der Beitrag der USA zur globalen Flüchtlingspolitik insgesamt zu beurteilen?

Vorschläge

1. Ein von der UN-Vollversammlung evtl. mit qualifizierter Mehrheit gebilligtes Expertengremium sollte einen Weltsicherheitsindex erarbeiten und jährlich für alle Staaten aktualisieren und publizieren.

2. Solange das in diesem Buch vorgeschlagene temporäre Integrationsprogramm noch nicht implementiert ist, sollte das Resettlement-Programm von UNHCR dahingehend modifiziert werden, dass Rückkehr der Normalfall und Einbürgerung die Ausnahme sind.

3.3.7. Kosten und Finanzierung

Die These

Die Kosten einer global-solidarischen Flüchtlingspolitik übersteigen den bisher getätigten Aufwand von UNHCR um ein Vielfaches. Zu ihrer nachhaltigen Finanzierung bedarf es der Ergänzung des Spendenprinzips durch das Prinzip der zweckgebundenen und leistungsabhängigen Solidaritätsbeiträge von Mitgliedstaaten der UNO.

Fragen

1. Wie hoch wären die jährlichen Gesamtkosten der von mir vorgeschlagenen global-solidarischen Flüchtlingspolitik mit einer Mindestversorgung auf menschenwürdigem Niveau?
2. In welchem Umfang würden z. Zt. anfallende Kosten in den Nationalstaaten wegfallen, wenn eine global-solidarische Flüchtlingspolitik realisiert würde?

3. Wie hoch wäre der prozentuale Anteil am Bruttoinlandsprodukt, den die entwickelten Länder jährlich zweckgebunden an die UNO entrichten müssten, um eine global-solidarische Flüchtlingspolitik zu finanzieren?

4. Wie viel der von UNHCR für Ende 2015 statistisch ermittelten Flüchtlinge waren mit ihren Personalien registriert, wie viele durften ein ordnungsgemäßes Asylverfahren i. w. S. erwarten?

5. Wie hoch ist der Anteil der 65,3 Mio. Flüchtlinge in 2015, der nicht die Fluchtgründe der Genfer Flüchtlingskonvention erfüllt und auch sonst kein Aufenthaltsrecht in einem UN-Territorium bzw. einem Aufnahmeland beanspruchen kann?

6. Ist es völkerrechtlich vertretbar und technisch möglich, das Asylverfahren von gezielt ausgebildeten Laienrichtern durchführen zu lassen anstatt von Volljuristen?

7. Welche Erfahrungswerte für die Kosten pro Flüchtling und Jahr liegen weltweit bei UNHCR und den Aufnahmeländern vor und welche Qualität hatte die jeweilige Betreuung?

8. Wie hoch sind die globalen Gesamtausgaben für Flüchtlinge pro Jahr aller öffentlichen und privaten Organisationen sowie aller Privatpersonen?

9. Kann nach gegenwärtigem Stand der UN-Verfassung eine Beschlussfassung über die Einrichtung und Durchführung einer gsFP ohne den Sicherheitsrat erfolgen, obwohl ein großes Finanzvolumen und Blauhelmeinsätze in Rede stehen?

10. Ab welchem BNP/Einwohner sollten Länder vom SFB befreit werden? Ist der Einbau weiterer Stufen in den SBF-Tarif empfehlenswert?

Vorschläge
1. Die UN-Vollversammlung wäre das Gremium, das über die Einführung einer global-solidarischen Flüchtlingspolitik inkl. deren Finanzierung entscheiden sollte.
2. Dem Sicherheitsrat sollte bei dieser Entscheidung kein Vetorecht zustehen. Notfalls müsste zu diesem Zweck die UN-Verfassung geändert werden.
3. Bei der Ausgestaltung und jährlichen Spezifizierung sollte ein Expertengremium hinzugezogen werden, das von der UNO, von UNHCR und von den Geberländern zu besetzen ist.

3.3.8. Etappen zur Realisierung der global-solidarischen Flüchtlingspolitik

Die These
Bei der Realisierung der global-solidarischen Flüchtlingspolitik (gsFP) kann von der gegenwärtigen Praxis von UNHCR ausgegangen und deren Rolle stufenweise ausgebaut bzw. geändert werden. Dem sollten eine Verbesserung der wissenschaftlichen Basis und eine Klärung der konzeptionellen Perspektiven vorausgehen.

Fragen
1. In welchem Umfang halten sich die einzelnen Unterzeichnerstaaten durch ihre Gesetzgebung einerseits und ihre politische Praxis andererseits an die GFK? Wo liegen die Hauptdefizite in der Performance der Staaten und was sind die Gründe dafür?

2. Wie ist die Flüchtlingspolitik der 50 Nicht-Unterzeichner-
staaten der GFK zu beurteilen, wenn man GFK-Maßstäbe an-
legt?
3. Wie ist die Performance der GFK in den verschiedenen
Jahrzehnten ihres Bestehens zu beurteilen, wenn man z. B.
die Erkenntnisse der Ökonomie des Rechts in Anwendung
bringt?[8]

Vorschläge
1. Im Auftrag der UNO sollte eine umfassende wissenschaftliche Bestandsaufnahme aller flüchtlingsinduzierten Aktivi-
täten weltweit erfolgen inkl. ihrer humanitären, rechtlichen,
finanziellen, wirtschaftlichen und innenpolitischen Aspekte.
2 .UNHCR sollte mindestens alle 2 Jahre durch eine externe,
unabhängige Expertenkommission in Bezug auf sämtliche
Prozesse im Hinblick auf Korruptionsfreiheit und Effizienz
überprüft und zertifiziert werden.

---

[8] Bei der Ökonomie des Rechts wird u. a. die Frage nach den Wirkungen von Regeln des privaten und öffentlichen Rechts auf das
Verhalten der betroffenen Subjekte gestellt und es werden die
Vor- und Nachteile rechtlicher Regeln untersucht. In unserem Fall
geht es um globales öffentliches Recht in Form der GFK und das
daraus resultierende Verhalten der Unterzeichnerstaaten. Sollte
dieses von den hohen Grundsätzen der GFK erheblich abweichen,
so muss man auch die Performance der GFK bei der Gestaltung
der politischen Praxis einer wissenschaftlichen Prüfung unterziehen, wozu die Ökonomie des Rechts einen Beitrag leisten könnte.
Grundlegende Ausführungen zu diesem theoretischen Ansatz finden sich u. a, bei Posner, Richard (2014): Economic Analysis of
Law. 8th edition, Wolters Kluwer Law and Business, New York
Insbesondere relevant ist § 31.2., wo Posner über Verträge und andere internationale Vereinbarungen schreibt.

3. Das Resettlement-Programm von UNHCR sollte für die im Programm befindlichen Flüchtlinge umgehend dahingehend reformiert werden, dass temporäre Integration und Rückführung statt Einbürgerung das Standardziel ist.

4. Solange den Ärmsten nicht geholfen ist, sollten keine neuen Flüchtlinge in das Resettlement-Programm aufgenommen werden.

3.4. Die Dimensionen des Gipfels oder womit alle leben könnten.
Eine globalethische Perspektive

Die These

Aus der Grundeinstellung der Liebe ergibt sich ein globales flüchtlingspolitisches Handeln, das durch bestmögliche Kompromisse zwischen den Werten Menschenwürde, Solidarität, Selbstbestimmung, Fairness, Nachhaltigkeit, und Effizienz gekennzeichnet ist und zu einer dramatischen Steigerung der globalen Wohlfahrt führt. Sollte eine optimale Lösung nicht erreichbar sein, sind insbesondere die demokratischen Staaten gefordert, eine zweitbeste Lösung zu realisieren.

Das Hauptwerk zu diesem Manifest
zur Vertiefung der Problematik:
Bruno Johannsson
Flucht – eine globale Herausforderung
Wege im Dilemma
Twentysix in der Verlagsgruppe Random House, 2017

Es enthält allgemein verständliche Begründungen und
Erläuterungen zu jeder These, zahlreiche Anmerkungen
und ein Literaturverzeichnis.

Als Buch: ISBN 978-3-740743-116
Paperback 336 Seiten 18,99 €
In allen Buchhandlungen und Online Shops wie z.B. bei
www.amazon.de erhältlich.
Meist Lieferung frei Haus.
Leseprobe z. B. bei Amazon:
In die Suchleiste eingeben: „Johannsson: Flucht - eine
globale Herausforderung". Auf das Cover klicken. Es er-
scheint eine Leseprobe.
**Eine erweiterte Leseprobe findet sich auf meiner
Homepage über den Link.**
www.theaundbruno.jimdo.com/leseproben

Als eBook: ISBN 978-3-740756-727
9,99 €
In eBookShops für iPad, PC, eBookReader usw.
erhältlich.
Ausleihe über flatrate z. B. bei
www.skoobe.de möglich

Radio Darmstadt

hat 2016 zwei Sendungen über Bruno Johannssons Konzept einer global-solidarischen Flüchtlingspolitik ausgestrahlt und dauerhaft auf seinem Podcast zum kostenlosen Anhören und/oder Herunterladen gestellt. Es handelt sich um einen Dialog zwischen Thea und Bruno Johannsson und ein Interview, das der Redakteur Helmuth Müller mit dem Philosophenpaar durchgeführt hat. Hier die Links.

http://gegendasvergessenlebensarbeit.podspot.de/post/thea-und-bruno-johannsson-die-fluechtlingsfrage-i-dialog-lap-105/

http://gegendasvergessenlebensarbeit.podspot.de/post/thea_und_bruno_johannsson_-die_fluechtlingsfrage_-_ii_-_gespraech_-_lap-_-fluechtlingsfrage_-_ii_-_gespraech_-_lap-107/

Die Sendungen wurden in Word digitalisiert, von Thea und Bruno Johannsson leicht um sprachliche Unebenheiten bereinigt und in dem Buch „Spielregeln der Gesellschaft" veröffentlicht, über das auf der nächsten Seite informiert wird.

Auch dieses Buch könnte sie interessieren.

Thea und Bruno Johannsson
Spielregeln der Gesellschaft
Was uns zusammenhält und auseinandertreibt
Philosophische Dialoge
Band 1 in der Edition Sokrates, BoD, Norderstedt, 2017

Aktuelle und zeitlose soziale Fragen im philosophischen Dialog
Was leistet die Demokratie, wo liegen ihre Grenzen? Ist Privateigentum Diebstahl am Gemeinwohl? Wie sieht die globale Dimension des Flüchtlingsproblems aus? Angesichts von Politikverdrossenheit, Klimakatastrophe und weltweit anhaltender Flüchtlingskrise gehört dies zu den hochaktuellen Fragestellungen, denen sich Thea und Bruno in Live-Dialogen stellen. **Im letzten Gespräch dieses Buches diskutieren sie Brunos Konzept einer global-solidarischen Flüchtlingspolitik. Dieser Dialog wurde von Radio Darmstadt aufgezeichnet und in einem zweistündigen Feature ausgestrahlt. In einer zweiten Sendung interviewte der Redakteur Helmuth Müller das Philosophenpaar zum Thema Flüchtlingspolitik. Beide Sendungen sind in diesem Buch in überarbeiteter Fassung wiedergegeben.**
„Ich wusste gar nicht, dass Philosophie so verständlich sein kann."
(Helmut Müller, Radio Darmstadt, nach der 1. Studioaufnahme 2015)

Paperback, 240 Seiten, ISBN 9 783744 886970, 14,99 €
Über lokalen Buchhandel und bei Amazon usw. erhältlich.

eBook, 603 KB, 9,99 €, ISBN 9 783374 489 1165
Weltweit über obige Internetadressen bestellbar,
Bei www.readfy.de und www.skoobe.de ausleihbar.
Leseprobe bei www.amazon.de. unter „Johannsson: Spielregeln"
Erweiterte Leseprobe unter dem Link
www.theaundbruno.jimdo.com/Leseproben

Dank an die Leser und Einladung zum Leserforum

Ich bedanke mich für das Interesse an meiner Arbeit, das Sie mit Kauf und/oder Lektüre dieses Buches bzw. eBooks signalisiert haben. Über sachliche Stellungnahmen zu meinen Thesen, Fragen und Vorschlägen würde ich mich freuen. Der interessierte Leser kann sie über den Link

https://theaundbruno.jimdo.com/kontakt

kommunizieren. Der Leser hat die Wahl, ob sein Beitrag intern verbleiben oder auf der Homepage mit Nickname oder echtem Namen veröffentlicht werden soll. Je nach unseren zeitlichen und gesundheitlichen Möglichkeiten werden wir – ich oder meine Partnerin Thea – eine Antwort versuchen.

Einladung zur Unterstützung

Wenn Sie meine flüchtlingspolitische Initiative unterstützen möchten, so gibt es mehrere Möglichkeiten:

Am wirksamsten wäre es, wenn Sie prüfen würden, ob und in welcher Form Sie die im Vorspann dieses Buches abgedruckte „Agenda für eine global-solidarische Flüchtlingspolitik" unterstützen können. Die Möglichkeiten dazu finden Sie unter www.theaundbruno.jimdo.com/agenda.

Bezüglich dieses Buches bzw. des zugehörigen Hauptwerkes gibt es folgende Möglichkeiten:

Sie empfehlen das Buch in Ihrem Freundeskreis bzw. teilen es in den sozialen Netzwerken,

Sie empfehlen das Buch Ihrer örtlichen Bibliothek zur Anschaffung (hierbei ist der Multiplikator zum Erreichen von Lesern besonders groß)

Sie empfehlen das Buch einer örtlichen Einrichtung (Partei, Flüchtlingshilfe, Integrationsbehörde usw.) zur Anschaffung.

Ich selbst werde das Buch zumindest der sächsischen Landesregierung, der deutschen Bundesregierung und UNHCR, The UN Refugee Agency, anbieten und notfalls schenken.

Bruno Johannsson